U0924381

别让任何人消耗你内心的晴朗

今天文室 编
SEEN 绘

北京联合出版公司
Beijing United Publishing Co.,Ltd.

守护 我 内心的 平静。

抵抗 世间 所有的 坚硬。

别让 任何人 消耗 你内心的 晴朗，
生活 应该被 热爱的 人和事 填满。

引　言
Foreword

你看哪，今天夜也温柔、月也漂亮！

风来拥抱我，雨来贴近我，

阳光亲吻我，云来陪伴我，

我内心一片晴朗！

别让任何人消耗你内心的晴朗，

生活应该被热爱的人和事填满。

一旦察觉到自己状态不对，一定要把自己救上来！

心理咨询师给你的情绪自救手册：

减少内耗，走出焦虑，抚平不安，摆脱无助……

可互动、可写作、可绘画的“人生答案之书”。

心理咨询师在这里给出的每一个建议，

总有一句能使你醍醐灌顶，恢复能量，让人生从此晴空万里。

不论我们成长为什么样的大人，脆弱也好，逞强也好；

把自己藏起来也好，把自己敞开了也罢，

别让任何人消耗你内心的晴朗，

专注自己，尽量放松，适当看开，让万事万物穿过自己。

No.1

「 有时候你会有糟糕的一天，

但请相信那只是糟糕的一天，而不是糟糕的一生，

我们明天再试一次。 」

FIND YOUR INNER CLARITY

你会在日记本的第一页写什么？

花 也会在 雨天 盛开。

FIND YOURSELF

No.2

「 生命的意义就在于成为你自己，

而不是别人眼中的自己。」

FIND YOUR INNER CLARITY

可以试着画下你眼中的自己：

我 清楚地 看见 自己。

FIND YOURSELF

No.3

「坏事还没发生就提前担心焦虑，
相当于你遭遇了两次坏事。
事后还一直想的话，
相当于遭遇了三次。」

不要让尚未发生的事影响当下。

写下你目前比较担心的事情，

你觉得怎样做才会使自己不那么担心？

当下的 是 最重要的。

No.4

「先上路，先出发，先去做，

不要等准备好，你可能永远都不会准备好。」

不要担心，你想要的途中也可以拥有。

有什么事是你一直想做却至今迟迟没有付诸行动的？

花 会沿路 一直开。

FIND YOURSELF

No.5

「人生不像数学题，
没有标准答案，但有很多种答案。」

每个人都有属于自己的人生答案。
不要把别人的答案当作自己人生的标杆，
每个人的成长经历是不一样的。

你还想得起来曾经困扰你的那道“数学题”吗？

FIND YOUR INNER CLARITY

我 是我 自己的 解。

FIND YOURSELF

No.6

「有一个有用的小技巧，就是为自己多做一点小事，
比如洗澡、剪指甲，吃一顿好的，
睡一天懒觉，或者单纯夸夸自己，
这会源源不断地给大脑发出信号：
我爱我自己，我关心我自己。
这样会让自己在潜移默化中变得更好。」

做自己的第一负责人。

你会做哪些爱自己的小事？

永远 置顶 自己的 感受。

FIND YOURSELF

No.7

「 不要认为你们的关系结束了，就当它完成了。

开始、结束，是一段完整的关系。 」

生命中的其他关系也是如此，

终止并不是结束，而是这段关系完成了。

要有勇气去面对一段关系的结束。

FIND YOUR INNER CLARITY

哪部电影中的哪个角色是你理想中的伴侣？为什么？

TA 身上存在的什么特质是你觉得珍贵或者你需要的，

或者只是单纯地吸引你？

人 会在 不同的 时期，拥有 不同的 关系。

FIND YOURSELF

No.8

「卡尔顿大学的一项研究发现：
如果一件事五分钟内就能完成，
最好不要拖延，立刻就去做。
原因是如果去做别的事，
会因为把这件事丢在一边而感到有压力和焦虑，
对之后要做的事情的注意力也会因此下降。」

写下你今天的 To Do List：

没关系，大胆一点。

FIND YOURSELF

No.9

「 你的家人可以不是你的父母、你的丈夫、你的朋友，
你的家人可以是你的孩子、你的小狗、你的猫咪。 」

因此我们并不孤独，我们可以自己挑选家人。

画一下你选择的“家人”：

FIND YOUR INNER CLARITY

好的 陪伴 犹如 种下 一个 春天。

FIND YOURSELF

No.10

「人与人的交流就像是在玩推沙子的游戏，
只有你推过来、我推过去，
这个游戏才能继续。
同理，在你受到伤害时，你应该把沙子推回去，
如果你不选择推回去，别人的沙子就会全推过来，
这场游戏就没有办法继续下去。」

不想被推过来的沙子掩埋，就要把沙子适当地推过去一些。

你有将“沙子”推过去的时刻吗？

朋友是怎样承接住你的“沙子”的？

不要 被 任何风沙 掩埋。

FIND YOURSELF

No.11

「 你的内心深处有一条合格线。 」

FIND YOUR INNER CLARITY

如果你的内心深处有一条合格线，

那是什么决定的这条合格线？成绩？工作？家人的认可？

摆脱 内心的 桎梏，做 一只 野生的 鸟。

FIND YOURSELF

No.12

「 你的需求和其他人的一样重要，

甚至你的需求比其他人的更重要。 」

重视自己的需求，不要随便敷衍自己。

当下的你有什么迫切的需求吗？可以写下来：

FIND YOUR INNER CLARITY

守护。

FIND YOURSELF

No.13

「 拒绝不需要理由，

“不。”是一个完整的句子。 」

FIND YOUR INNER CLARITY

生活中，你是一个难以拒绝别人的人吗？

屏蔽。

No.14

「 一切都是阶段性的，你的认知也是阶段性的，
不要因为现在的认知更广、更高而去埋怨过去的自己。 」

过去的自己在那个当下也很迷茫。

如果你带着现在的认知回到过去的一个选择节点，
你会想回到哪一刻，改变哪一个选择？

没有 方向，只有 迎面而来的 风。

FIND YOURSELF

No.15

「　你要知道，抛下一些人是可以的。

你可以很爱一个人，依然可以选择离开TA。

你可以日思夜想一个人，

依然可以为TA不存在于你今后的生命中而庆幸。　」

在你过去的生命里，有过这样一个人吗？

我，穿越 人海。

FIND YOURSELF

No.16

「 不要想着去拯救你的父母，他们都是成年人，
存在于这个地球上的时间比你长很多。
如何面对婚姻和情感是他们自己的人生课题，
他们的贫穷和困境也不是你带来的。
你有属于自己的人生课题，
要有勇气去面对自己的人生课题！ 」

分清哪些是自己的课题，
哪些是别人强加在自己身上的，
明白自己的需求和问题，解决好自己的课题，
把不属于你的课题从自己身上卸下来，还给别人。

哪部电影中的家庭氛围是你最喜欢的？

人生 没完成的 课题 会反复出现。

FIND YOURSELF

No.17

「 人与人的交往、互相链接，
就是建立在互相麻烦的基础上的。
你不想麻烦别人，
潜意识里也不希望别人麻烦你，
可我们存在的意义就在于我麻烦你一下，
你麻烦我一下。
如果所有的事自己都能做的话，
那还交朋友干什么！ 」

你的好朋友是个怎样的人？你会怎样描述 TA？

陪伴。

FIND YOURSELF

No.18

「　或许你并不是过于追求完成或完美，

你只是想看到别人的回应。　」

FIND YOUR INNER CLARITY

你觉得自己是个虚荣的人吗？虚荣是不好的吗？

看见 和 被看见。

FIND YOURSELF

No.19

「你的母亲永远不会成为你想要或需要的母亲，
所以不要期望她成为这样的人，
也不要因为她不是而生气。」

她不会是符合你期望的母亲，
同样地，你也不完全是符合父母期望的孩子，
那么大家不妨都降低一点期待，轻松点生活。

你期待自己长成什么样的大人？

无法 触碰的 期待。

FIND YOURSELF

No.20

「 这个世界上有很多问题可能都没有答案，
好在时间是流动的，
或许哪一天就在漫长的岁月里得到了想要的回答。 」

是的，好在时间是流动的。

FIND YOUR INNER CLARITY

哪件事情是你一直想得到答案的？

时间 是 流动的。

FIND YOURSELF

No.21

「 你又不是定型了，人生还那么长。 」

FIND YOUR INNER CLARITY

如何定义你自己？

补充 睡眠，好好 长大。

FIND YOURSELF

No. 22

「 你的注意力过多地放到了别人身上，

你需要的是，元神归位。 」

FIND YOUR INNER CLARITY

可以尝试着给自己画一张元神归位的图，

你希望在哪些方面将注意力集中到自己身上？

我 身体里 长满 鲜花。

No. 23

「我们的经历、创伤和痛苦，都是一粒粒珠子，
穿成了一条项链，戴在我们身上。
但我们并不是创伤本身，我们身居其下。」

试着摘下这条项链。

FIND YOUR INNER CLARITY

如果你有这样一条项链，

那每粒珠子会代表什么？

它们都是什么颜色？可以试着画下来：

保护层。

FIND　YOURSELF

No.24

「面对一件事情，你总是能想到它最糟糕的一面，

那意味着你也能想象出最好的一面。

两者本质上都是一种想象，

你不能总是偏向于糟糕的一面。」

从现在开始，驱除脑子里糟糕的想法，

每件事尽量往好的方面想。

随意找一件现在想做的事，

把你想到的最糟糕的一面和最好的一面写下来，

然后去做对比：

放飞 乌云。

FIND YOURSELF

No.25

「 快乐的人也并不总是快乐，他和你是一样的，
只不过抑郁和焦虑的天数比你少。
所以，你也是一个快乐的人。 」

不要把自己不快乐挂在嘴边。

画一束“快乐的花”：

我 荒芜的 内心 开满 鲜花。

FIND YOURSELF

No. 26

「 当你遇见新的人时，与其想办法得到他们的喜欢，
不如先弄清楚自己喜不喜欢他们。
比起耗费时间和精力揣测别人如何评价你，
不如先关注一下自己对他们的想法。 」

比起他们喜不喜欢你，你喜不喜欢他们才是最重要的。

在陌生的场合认识的新朋友里，
什么样的人往往会让你比较喜欢？

「 其他人的状况比你更糟糕，并不能减轻你的痛苦。
这就像别人的脚踝骨折了，
并不意味着你的扭伤就不重要。 」

比较不会减轻你的痛苦，
同样也不应该加深你的痛苦。

目前最让你期待能有个好结果的事情是什么？

No. 28

「焦虑，不等同于直觉。」

焦虑，也不是胡思乱想。

FIND YOUR INNER CLARITY

你觉得自己是一个直觉很准的人吗？

哪件事是被“直觉”猜中的？

给 自己 一点 空间。

FIND YOURSELF

No.29

「 经历创伤的人会有两种成长方式：

第一种是他们不希望任何人遭受自己曾经历的痛苦，

第二种是他们希望每个人都能经历一遍自己的痛苦。

成为第一种人，警惕并远离第二种。 」

FIND YOUR INNER CLARITY

在你以往度过的日子里，最让你感到痛苦的事情是什么？

现在的你走出痛苦了吗？

做 自己的 治愈者。

FIND YOURSELF

No.30

「 比较，是对自己的苛刻。

别人能做到的事，不代表你也应该做到，

无论这是来自谁对你的期待。 」

这世界上大部分美好的东西，

如幸福、快乐、安心，都不是通过比较得来的，

过度的比较就是较劲，会使人陷入沼泽。

画出你内心的沼泽，你觉得这片沼泽代表着什么？

是 什么 困住了 我?

FIND YOURSELF

No.31

「在任何迫切、紧急的事情面前，

给自己留五次呼吸的时间。」

现在，此刻，让我们来做五次深呼吸。

FIND YOUR INNER CLARITY

No.32

「 我们要通过自己的意图来判断自己，

通过他人的行为来判断他人。 」

除非对方告诉你，他讨厌你，

否则你没必要假设别人不喜欢你。

社交中的大部分内耗，都来自你的猜测。

你是个擅长社交的人吗？为什么喜欢 / 不喜欢社交？

FIND YOUR INNER CLARITY

No.33

「闷声不响的期待大多会转化成怨恨。
如果你不说出来，大家是不会知道你想要什么的，
你会因为他们没有按照你的预期做事而感到沮丧和怨恨。」

下一次我们好好沟通，把需求直白地说出来，好吗？

FIND YOUR INNER CLARITY

目前，你对某个人有什么期待吗？

内心的 期待。

FIND YOURSELF

No.34

「 敏感并不是一件坏事。

让自己变得不敏感，你就会变得麻木，

会丧失很大一部分对爱和美的感知力。

所以没必要一定变得不敏感。 」

将敏感多放在感受美好的事物上，

而不是放在不重要的人和事上。

用你的敏感力去感知一下春天，可以的话，试着画下来：

No.35

「 飞机上有一句话，
请先佩戴好自己的氧气面罩，再去帮助他人。
你要先治愈自己，才能治愈他人。 」

哪一个瞬间让你觉得自己被治愈了？

No.36

「 不要成为父母的父母。

不要成为恋人的父母。 」

任何关系中，都只做自己。

试着写一下你眼中的自己和父母眼中的自己，

以及你期待中的自己：

FIND YOUR INNER CLARITY

祝世界 灿烂，祝我 永远是 我。

FIND YOURSELF

No.37

「 接受父母可能不爱你这件事，

或者接受父母爱你，

但不会爱、不知道怎么爱这件事。 」

并不是所有的父母都爱自己的小孩，

也不是所有的父母都有爱孩子的能力。

每个人的能力是参差不齐的。

你觉得自己拥有爱的能力吗？

你给这个能力打几分？

爱 是一生的 必修课。

FIND YOURSELF

No.38

「 可以把自己想象成一个橘子，
并且明白，并非所有人都喜欢橘子。
但这并不意味着橘子本身有什么问题，
它也没有坏，仅仅是因为每个人都有自己的偏好。 」

画一种你喜欢的水果，你觉得自己是哪种水果？

No.39

「 这个世界比你努力的人有很多，
但这件事不应该成为你必须努力的理由。」

在你的印象里，哪件事是你费了很大力气、很努力去做的？

No.40

「别人如何评价你，是别人的认知，

可以听，但不可以被左右。

过度追求别人的认可，会丢失真正的自己。」

可以回想一下，通常你都是如何评价别人的？

最好的 花匠 是 自己。

FIND YOURSELF

No.41

「　你要明白，每个人对爱的理解是不一样的。　」

是的，我们并不会找到完全契合的爱，

即使是父母、朋友、恋人。

你是如何定义爱的？

FIND YOUR INNER CLARITY

No.42

「　做个自私的人是可以的，

但以自我为中心则不行。

因为自私是认识到自己的需求并照顾自己，

而以自我为中心则是忽视他人。　」

你认为自己是个自私的人吗？

FIND YOUR INNER CLARITY

No.43

「　不是每个朋友都必须是亲密的朋友，

你可以拥有不同类型的朋友。　」

FIND YOUR INNER CLARITY

你对朋友的定义是什么？你认为这和时间有关系吗？

独自。

FIND YOURSELF

No.44

「永远不要在情绪不稳定的状态下做决定。
你饿了、生气了、累了或者是晚上郁闷了，
这些时候都不适合思考问题。」

情绪不稳定的时候，放下一切去休息。

状态不好时，你会做什么来调整状态？

阴雨天 会是 天空的 小情绪吗?

No.45

「如果一直逃避一个问题的话，
你可以假装这件事情没有发生，
但压抑和恐慌的情绪是不会消失的，
它会在下一次遇到同样问题的时候卷土重来。」

保护自己的最好方式不是掩耳盗铃，
而是勇敢地面对问题。

你觉得自己是一个逃避的人吗？

No.46

「 并不是成了你的朋友就专属于你，
你的朋友在认识你之前可能就有自己的朋友，
TA也可以有新的朋友，
同理，你也是。」

你可以接受朋友有其他比自己更要好的朋友吗？

No.47

「情绪就像墨尔本的天气，但雨天并不影响出行、工作。影响你的不是雨，而是你把那场雨看成了冰雹。」

你生命中的一些冰雹，实际上只是下了一场小雨。

下雨的时候，你喜欢做什么？

阴天 也可以 升起 彩虹。

FIND YOURSELF

No.48

「每个人一生中所承受的痛苦的总和其实是相等的，因为每个人承受痛苦的阈值不同。」

FIND YOUR INNER CLARITY

试着画出你内心的“痛苦”。

它是什么形状的？它很大吗？

它是模糊的，还是清晰的？

沉溺。打捞。

No.49

「　你要知道，不是每个人都会“爱”这件事。

有的人天生就不会爱，有的人不会以你喜欢的方式爱你，

还有人可能一生都在学习如何去爱。　」

FIND YOUR INNER CLARITY

你期待的爱是什么样子的？

你觉得爱是需要学习和引导的吗？

爱 是什么 颜色的呢？

FIND YOURSELF

No.50

「 无所事事为什么要有罪恶感？

无所事事又不是什么罪恶的事。 」

无所事事，就好好休息。

FIND YOUR INNER CLARITY

休息的时候，你都会做些什么？

世界是 巨大的 游乐场。

FIND YOURSELF

No.51

「 有些人就像一只漏勺，

无论你为他们投入多少时间、爱和支持，

都无法填满他们，也无法改变现状。 」

不要做漏勺一样的人，要接得住自己的好，

也接得住别人对你的好。

如果你是一只漏勺，

你希望自己可以接得住什么，漏下去什么？

No.52

「　没有一种批判比自我批判更强烈，
也没有一种责怪比自我问责更强烈。　」

最近你因为什么事情而深深地责怪过自己？

FIND YOUR INNER CLARITY

No.53

「 以你自己的人生智慧，
你早就知道结果和最优解的答案，
那你还在纠结和犹豫什么？ 」

想清楚让你纠结和犹豫的东西才是关键。

FIND YOUR INNER CLARITY

最近有没有让你纠结和犹豫的事？有的话，写下来：

错过的 不是 时机，而是 数不清的 犹豫。

FIND YOURSELF

No.54

「 每当你问自己what if的时候就立即停止，

假设不会改变事实。 」

FIND YOUR INNER CLARITY

你会在某件事发生前做很多假设吗？

「 你的生日并不是谁的受难日，
是你的父母决定生下你，
他们为自己的决定负责、为自己的人生买单是理所应当的，
而你，只需要为自己负责。 」

人都应该为自己的决定负责。

今年你过生日了吗？如果没过，你期待怎样度过那一天？
如果过完了，那再祝自己一遍生日快乐！

No.56

「 不要给某件事赋予太深刻的意义，

或许在别人看来，这只是微不足道的一件小事。 」

重要的是，不要被自己所赋予的意义拴住。

你如何理解“意义”这个词语？

FIND YOUR INNER CLARITY

找到 无意义的 浪漫。

FIND YOURSELF

No.57

「 有一个说法是，你的父母并不是你唯一的亲人，
你是几代人的基因和家庭的结合。
所以不要觉得父母是什么样的人，
自己就会成长为什么样的人。 」

你可以塑造自己，可以汲取几辈人的优点，
并不是定型了。

小时候，你期待长大后的自己是什么样子的？

生长。

No.58

「 只要你活着，你就不会完蛋，

你的人生就不会完蛋。

人生的容错率大到你难以想象。 」

FIND YOUR INNER CLARITY

回想过去，你认为自己闯过最大的祸是什么？

当时的心情是怎样的？

No.59

「　可以跟妈妈倾诉你的痛苦和遭受的一切，

不要担心，她远比你想象的坚强。　」

最近跟妈妈倾诉心事是什么时候？

No.60

「 别试图通过你的忍受程度来显示和证明你对对方的爱。
爱不是通过你能承受多少痛苦来证明的。 」

你认为爱需要表达和忍受吗?

你喜欢和期待的沟通方式是什么样的?

爱 不是 忍受，也不是 负担。

No.61

「 当你太过于自责的时候，

就把责备自己的话写下来，

读一读。

你真的忍心这么责怪自己吗？ 」

尝试把责备自己的话改成鼓励自己的话。

写下三句鼓励自己的话：

守护 内心的 彩色。

FIND YOURSELF

No.62

「 做你自己觉得正确的事就好。

自己的事，自己做；你觉得正确，就是最优解。 」

FIND YOUR INNER CLARITY

写下目前你想看的一部电影、一本书，

想打卡的一个地方：

在心里 种花，人生 才不会 荒芜。

FIND YOURSELF

No. 63

「 很多人之所以能取得许多成就，

并不是多么天赋异禀，而是行动迅速。

在大多数人还在分析权衡的时候，

他们已经横冲直撞犯了三个错误，

并且找到了更好的方法。

永远不要想着百分百准备好之后再行动，

生活的容错率是很高的，先去做，再调整。 」

你有什么改变拖延症的小方法吗？

请 大胆 体验 人生。

FIND YOURSELF

No.64

「 要敢于和过去的自己告别。 」

FIND YOUR INNER CLARITY

你觉得目前的自己和过去的自己最大的不同之处是什么?

拥抱 过去的 自己。

FIND YOURSELF

No. 65

「 不必矫枉过正，

申明自己决不可重走爸爸、妈妈或某人的路，

也不必修正这条路。

你本身有自己的路，有新的路。」

FIND YOUR INNER CLARITY

试着画出你自己的人生之路，

它是弯曲的，还是直的？

是宽阔的，还是有一些岔路口？

朝 光亮的 方向 走去。

FIND YOURSELF

No.66

「 谁带给你更多的平静，带给你更多的舒缓，

谁就应该得到你更多的时间。 」

FIND YOUR INNER CLARITY

看到这个句子的时候，你首先想到的是谁？

平静，舒缓。

FIND YOURSELF

No.67

「 如果你对一个问题不确定，那就否定它；

如果你觉得不安全，那就放弃；

如果你觉得不舒服，那就拒绝。

如果你的身体隐隐感觉到是被迫的、偏离的或者错误的，

请一定要站在自己这一边。 」

试着写下你最讨厌的几件事，然后划掉！

你 今天 还好吗？

FIND YOURSELF

No.68

「 不要与让你感到不舒服的人交往，

远离那些会否定你的人。

心情真的超级重要，

人们花钱买东西和旅行就是为了让自己心情好，

让你心情差劲的人就等于从你钱包里掏钱。 」

FIND YOUR INNER CLARITY

在旅行中，你更愿意把钱花在哪些方面？

彩虹心情。

FIND YOURSELF

No.69

「 很多和你一样的人，甚至比你聪明的人，
都被自己困住了，但你很好，
你已经意识到这件事并尝试救自己。 」

FIND YOUR INNER CLARITY

你觉得目前有什么东西困住自己了吗？

被困住的自己是什么样子的？

困住 我的 从来都是 我自己。

FIND YOURSELF

No. 70

「 和解，或者道歉，

可能永远都不会到来。 」

FIND YOUR INNER CLARITY

你经历过因为没有道歉或没有主动和解

而失去一段关系或某个人吗？

No. 71

「 记住，
沉没成本不参与重大决策，
已有损失不参与当期决定。 」

你是如何理解沉没成本的？

No. 72

「 有时候，没有往回走就是一种胜利。 」

停在原地，适当休息，再出发。

写出休息时你最喜欢去的三个地方：

我将 独自前行。

FIND YOURSELF

No. 73

「 兴趣爱好的意义在于，
让你享受和自己独处的节奏和时间，
并不是为了一定要拿得出手而去进行社交价值评比。
从某件事中寻找并获得快乐，
才是爱好本身的价值。 」

FIND YOUR INNER CLARITY

独处时，你喜欢做些什么？

一个人的 多巴胺 世界。

FIND YOURSELF

No. 74

「 没有人可以回到过去，但谁都可以从现在开始。 」

FIND YOUR INNER CLARITY

写下今年必须完成的三件事情：

No. 75

「 接受，并不意味着你必须喜欢它。 」

生活中你是否有虽然接受了，但是并不喜欢的人、事、物？

No.76

「 不要把别人的情绪投射为对自己的攻击。

别人射来的箭，挡住，扔掉，

而不是捡起来扎向自己。 」

FIND YOUR INNER CLARITY

如果你的心是个靶子，是否上面已经插上了箭？

如果有，试着拔掉它们：

抵挡。

No.77

「 当保持现状带来的痛苦比改变的痛苦还要大时，
人才会真正做出改变。 」

FIND YOUR INNER CLARITY

在你过去的人生中，有“真正做出改变”的时刻吗？

你在 害怕什么？

No.78

「 当你想要每个人都喜欢你的时候，
不喜欢你的人就拥有了伤害你的权利；
当你想要所有人都同意你的时候，
不同意的人就有了否定你的权利。 」

FIND YOUR INNER CLARITY

描述一个你很讨厌的人的优点：

No.79

「 有时太过于追求和解本身就是问题，

有些事情也可以不和解。

不要把精力浪费在和过去的纠缠上。 」

你有特别想和别人和解或者希望对方能和自己和解的事吗？

为什么没有迈出那一步？

No.80

「 正常人是不会因为你设置了界限而愤怒的，
生气的只是那些再也不能占你便宜的人。 」

FIND YOUR INNER CLARITY

应付那些爱占便宜的人，你有什么好方法吗？

界限。

FIND YOURSELF

No.81

「做镜子，不要做海绵。」

别人怎么对待你，你就怎么对待别人，

别傻乎乎地把别人的负面情绪全吸收了。

FIND YOUR INNER CLARITY

试着画一块海绵，把它想象成自己，

写下你想吸收的和想挤出的：

容纳。

FIND YOURSELF

No.82

「 你已经明白了太多而无法往回走，

又因为太害怕而无法前进，

同时你又太痛苦而无法停留在原地。

这不是堵死自己的路了吗？ 」

FIND YOUR INNER CLARITY

想象一下，如果你停在路上，

随着你的心情变化路的两旁会开满鲜花，

会开出什么样的花呢？

迷失。

No.83

「别人夸你的时候你觉得惶恐，认为自己配不上夸奖；
别人稍微批评你一句，你就难过得像天塌下来一样。
你这样对待自己不公平呀。」

FIND YOUR INNER CLARITY

试着写下自己的五个优点，最好具体一些：

No.84

「 “应该”这个词，很容易使人给自己施加压力，

把自己逼得太紧。

有意识地重建表述的语言，可以有效提高积极性。

比如“我应该早起”改成“我当然可以早起啊”，

“下班后我应该去锻炼”改成“我可太喜欢下班后去锻炼了”，

多跟自己说积极的语言。 」

想一下你目前“应该做”的三件事，

试着转换语言表述一下：

FIND YOUR INNER CLARITY

No. 85

「人没有朋友也能过好一生。」

你就是自己最好的朋友。

FIND YOUR INNER CLARITY

自己一个人的时候，你会重温哪些影视剧？

人本来 就是 孤独的。

FIND YOURSELF

No.86

「 你可以自愈，在任何时候，在人生的任何时期。 」

FIND YOUR INNER CLARITY

还记得你上次发脾气是因为什么吗？

自愈。

No. 87

「 感性的时候不做决定，

消极的时候不要放弃。 」

FIND YOUR INNER CLARITY

写一些会让你感到温暖的词语：

一起去 晒太阳吧。

No.88

「观察比要求更重要。」

FIND YOUR INNER CLARITY

观察一下你今天的状态和心情：

在 自己的 内心世界 涂鸦。

FIND YOURSELF

No.89

「 如果你习惯了不被重视，那就不好了。

你的自尊心无形中会减弱，你会失去对自己的期待，

你会开始相信自己一文不值，

配不上美好的东西，开始讨厌自己。

这不是真的，你要时常对自己说：

我是一个值得珍惜的人，请好好照顾我。 」

写下你认为自己最值得被珍惜的地方：

No. 90

「 你可以考虑别人的感受，

但记住，要排在自己的感受之后。 」

你做过因为顾及别人的感受而委屈自己的事吗？

No. 91

「 要接受别人就是会说谎的，

毕竟每个人都是虚伪的。

我们也会对自己说谎。 」

FIND YOUR INNER CLARITY

你会对自己说谎吗？

你觉得对自己说谎是一种自我安慰吗？

狡猾的 蛇 与 皎洁的 月亮。

FIND YOURSELF

No.92

「嫉妒、愤怒、生气、焦虑、开心、快乐……

所有的情绪都是正常且平等的。」

要与你的情绪站在一起。

FIND YOUR INNER CLARITY

你此刻的心情是怎样的？

云是 彩色的，我的 情绪 也是 多彩的。

No. 93

「 你的生命完全属于你自己，
你无须满足任何人的期待，
人生的可能性超出你的想象。 」

FIND YOUR INNER CLARITY

小时候，你对自己有着怎样的期待？

一次 出逃。

FIND YOURSELF

一次 旅途。

一次 飞行。

No. 94

「 当你让他一次又一次打破你的界限时，

就不再是他打破了你的界限，

而是你打破了自己的界限。 」

FIND YOUR INNER CLARITY

在社交中，你是否想过自己有哪些界限？

守护 我的 孤岛。

No. 95

「 不论成长为多大的人，你都是需要被爱的，
这并不是脆弱的表现，也不该觉得羞愧和脆弱。
我们生来就要拥有各种各样的爱，
付出深浅不一的爱。」

FIND YOUR INNER CLARITY

描述或者画一下你认为的爱的形状：

「 别人对你好，那是礼物，
自己对自己好才是力量的来源。 」

你因为别人对你好而获得过力量吗？

No. 97

「消极，不是一个贬义词，
人当然可以既消极又乐观，
保持好消极的底限就可以。」

FIND YOUR INNER CLARITY

你觉得自己是消极的人，还是乐观的人？

「　你不需要努力争取被爱，
你本身就很值得被爱。」

写出你觉得自己值得被爱的三个点，并在心底多次重复：

No. 99

「 人生是很自由的，包括并不限于：
掉进阴沟里再爬出来，
可以不出门，挂掉电话，
走累了就坐会儿，睡一整天。 」

FIND YOUR INNER CLARITY

你有出门恐惧症或者来电恐惧症吗？

飞向 哪里 不重要，享受 自由 才重要。

FIND YOURSELF

No.100

「 大部分时间，我们都是自己陪伴自己，

因此，对自己好一点。 」

FIND YOUR INNER CLARITY

请夸奖或者表扬一下自己：

点亮 自己的 世界。

FIND YOURSELF

我们 应该 花 大把的 时间，
去过 自己 想过的 生活。

附录一

恢复能量、捕捉幸福的 100 件具体而有意义的小事

我们的生活由遇见的人、发生的事和珍藏的事物填充，

还有无数个令人印象深刻的时刻。

每个人都是生活家。

沉浸在具体而鲜活的生活里，

人就会变得舒展和充实起来，

那些皱巴巴的情绪、焦虑、内耗、不安，都会一点点被抚平。

没有来日方长，

如今最好。

下面列举了能够恢复能量、捕捉幸福的 100 件具体而有意义的小事，

试试看吧！

□1. 周五晚上看一场电影 eg. 一个人在家看了《死亡诗社》

□2. 在咖啡厅找个角落看书听歌

□3. 养一盆绿植

□4. 看一次日出或日落

□5. 整理相册，将好看的照片整理成册

□6. 拍一套全家福

□7. 在家里睡一整天

□8. 和好朋友彻夜聊天

□9. 给父母过一次生日

□10. 独自旅行

□11. 学会开车

□12. 学习摄影

□13. 学会演奏一件乐器

□14. 学一首外文歌曲

□15. 看喜欢的舞台剧

□16. 去听一场音乐会

□17. 体验一次骑行

□18. 去东北看雪

□19. 每年生日记得给自己拍照片

□20. 旅途中给自己寄一张明信片

□21. 学一支舞蹈

□22. 给家人做一顿丰盛的饭

□23. 看一部完整的纪录片

□24. 拼一幅完整的拼图

□25. 体验一次公路旅行

□26. 考一个证书

□27. 给自己买花

□28. 养好头发和气血

□29. 和好朋友露营

□30. 做一件助人为乐的小事

□31. 做一次大扫除

□32. 去看展

□33. 去参观博物馆 / 艺术馆

□34. 培养一项喜欢的运动

□35. 主动给好久不联系的很好的朋友发一次消息

□36. 带父母去体检

□37. 尝试放一次烟火

□38. 和喜欢的人长久拥抱

□39. 去寺庙祈福

□40. 做自己的副业

□41. 去逛海洋馆

□42. 去逛花鸟市场

□43. 体验一次民族服饰

□44. 学习游泳

□45. 体验一次冒险的极限运动

□46. 拥有一辆自己的车

□47. 认真护肤

□48. 多拍照记录生活

□49. 积极健身

□50. 记得要早睡

□51. 每个季度尝试一次断舍离

□52. 去所在城市的书店泡一天

□53. 去爬山

□54. 真心地夸奖伴侣

□55. 和伴侣来一次彻夜畅谈

□56. 观看豆瓣排行榜前 250 的电影

□57. 试着每年用九张图总结自己

□58. 养一只小宠物

□59. 去公园晒太阳

□60. 随机坐一辆城市公交车

□61. 去早市吃早餐

□62. 有一个可以长久坚持的爱好

□63. 和好朋友一起旅行

□64. 看一场音乐剧、话剧

□65. 拥有自己的小房子

□66. 攒 50 万属于自己的存款

□67. 试着练出马甲线

□68. 试着学好英语

□69. 试着挑战一次“半马”

□70. 给好朋友做伴娘 / 伴郎

□71. 看一场露天电影

□72. 去参观一次海洋馆

□73. 种一株植物

□74. 和好朋友去 KTV 唱歌

□75. 听喜欢的歌手的音乐会

□76. 写一本自己的书，不在乎能否出版

□77. 试着对父母表达一下爱

□78. 去爬一次长城，参观一次故宫

□79. 躺在草地上晒太阳

□80. 看 100 本书

□81. 陪妈妈去逛街

□82. 尝试微醺一次

□83. 尝试画画

□84. 做收纳：明信片、卡片、话剧票

□85. 听播客

□86. 去做一件自己以前不敢尝试的事

□87. 试着一天不看手机和电子产品

□88. 做一次烘焙

□89. 尝试染一次头发

□90. 尝试剪一次短发

□91. 和好朋友轧马路

□92. 参加一次团体活动

□93. 给朋友或伴侣过生日

□94. 买一份保险

□95. 做一次陶艺

□96. 参加一次泼水节

□97. 尝试去另一座城市生活一小段时间

□98. 时常更新自己

□99. 自信一点，勇敢一点

□100. 全心全意地爱自己

爱，生活，救自己，都是 动词。

附录二

50 句拯救“我”于水火中的手写句子

依稀记得大学的英美文学课上，老师讲法国作家加缪，
在 PPT 上放了加缪那句：

在隆冬，我终于知道，我身上有一个不可战胜的夏天。

看到这句话，我感觉自己好像冬天的寒冰一头扎进了盛夏，
我无数次将这句话写在日记的扉页上。

罗翔老师曾说：

请你务必一而再，再而三，三而不竭，千次万次，毫不犹豫地，救自己于这世间水火。

这句话拯救了很多人，并给他们带去源源不断的勇气和力量。

相信在你的人生中也有如此有力量的话语，
在不经意间拯救了你。
写下来，在你焦灼、迷茫时翻开看一看，
救自己。

在隆冬，我终于知道，

我身上有一个不可战胜的夏天。

——加缪

请你务必一而再，再而三，

三而不竭，千次万次，

毫不犹豫地，

救自己于这世间水火。

——罗翔

在　自己的　花园里　种满　鲜花。

当我 真的 看见 自己。

附录三

13 个认识自己、看见自己的疗愈小测试

萨提亚有一首诗，名为《当我真的愿意看见自己时》，她在诗中写道：

当我真的愿意看见自己时，我可能还会痛，
但已经不再抱怨。
我深知，这痛，只因遇见真实的自己；
曾经那个不懂爱的自己，透过痛，
生命正在穿越和成长。
这个痛，跟任何其他人无关，
我接纳并祝福，生命里经过的每一个人；
如果真的曾经相遇，无论是怎样的形式，
必定都是一份礼物。

当我真的愿意看见自己时，我可能还有伤，
但我已不再盼人来疗伤。
我深知，通过深入生命的实相，
我自己能够疗愈一切的伤口，我不再去索取别人的爱，
当我能够疗愈自己，爱从我心里流出来。
我知道，总会有一天，我也会成为爱本身，
每一个经过我的人，都能够闻到慈悲的芬芳。
…………

我深知，我的内在有一个真正的宇宙，
生命里所有的智慧，都在里面蕴藏和发酵。
我愿意，继续了解和发现未知的自己，不断与真实相遇，
我知道，透过真正的了解自己，
我会真正了解生命，了解宇宙的奥秘。

爱自己的本质是看见自己。
不论在人生的哪个阶段，我们都需要看见自己，
照顾自己内心的小孩，成为有力量的大人。

01

你的名字

试着在下面的空白处写下你的名字，然后围绕你的名字，写下任意可以关联到的美好词语。

十个“我”

以“我……”“我是……的人”的句式，写下你认识的自己，越具体越好。深刻地剖析和了解自己，积极的一面也好，消极的一面也好，阴暗的一面也好，虚荣的一面也好。

03

“我”了解自己吗

你有多了解自己？耐心地填写下面的问卷。填不上来的地方可以多停留一会儿，好好想一想，不要觉得自己没什么喜欢的，如果你没有喜欢的东西，你不了解自己喜欢什么，那别人怎么了解你呢？

觉得自己的性格是

你的生日是

你的星座是

你喜欢的季节

你喜欢的颜色

你喜欢的水果

你喜欢的电影

你喜欢的电视剧

你喜欢的图书

你喜欢的歌手

你喜欢的电影演员

你喜欢的偶像

你喜欢的音乐

你喜欢的花

你喜欢的天气

你喜欢的口味

你喜欢的氛围

你的爱好

你喜欢的户外运动

你喜欢的穿衣风格

你喜欢的地板质地

你喜欢的发型

你喜欢的小动物

你比较偏爱的旅行城市

你想定居的城市

04

达成事宜

试着写下你的人生中，你做到了、你完成了、你通过了、你取得了、你达成了，哪怕是你成功放下了的十件事情。拍拍自己的肩膀，对自己说句：你辛苦啦！你还不错啊！你很棒！

真的好吗与真的坏吗

在下面的横线上方和下方，分别写下你认为自己好的方面与不足的方面，包含并不限于：经济条件、工作、技能、性格、时间自由度、优缺点、擅长与不擅长的东西……可以尽量多写一点。更细致地了解自己，看清当下的自己，有助于你选择职业或副业，平衡工作和生活，调节状态，融洽关系。

06

人生九宫格

下面的九个板块象征着你人生的九个版图，试着填一填，包括并不限于：家庭、爱情、朋友、自由、旅行、经济、健康、爱好、技能、学习、工作、冒险、体验……

感谢日记

你是否真心地感谢过自己？试着写下十件，然后夸夸自己。例如，感谢你孤身一人在大城市坚持了下来；感谢你即使是大冷天也自己一个人搬了家；感谢你上午面试被拒后，下午仍然调整好心态去参加了另一场面试，我知道这是不容易的……

08

遗愿清单

如果你也有电影《遗愿清单》中主人公手中的一张清单，你会列出哪十个愿望？试着写下来，不在乎是否会实现。要知道，写下来的东西更有力量。

被看见

如果你希望别人“看见你”，你希望对方能看见你的什么？

10

询问自己

真实地询问自己也是一种能力。

可以在下面空白处写下目前最困扰你的事，然后围绕这件事去询问自己，例如，你的真实感受是什么？你觉得自己有能力做到吗？你真的在意吗？有什么解决这件事的途径吗？你最终想要达成的理想状态是怎样的？你能承受的最糟糕的结果是怎样的？……

在你的版图上涂鸦

可以在下面每个拼图模块上写上你想要的东西、你内心的渴望，然后试着涂成不同的颜色。

12

向往的生活

具体而详细地描绘你向往的生活。那时你的状态是怎样的？你希望自己的精神世界是怎样的？

努力朝着你向往的生活走吧。

潜意识涂鸦

放轻松，深呼吸，调整好心态，拿出五分钟来休息下。试着在下面的圆中画出任意的线条、图案、物品，不要做太多的思考，跟随你的潜意识，随意地涂鸦。

美好的 事物 总会 到来。

后 记

postscript

本书收录了一些心理咨询师的经典语句，但因条件限制，未联系上作者，深表歉意。

请看到此书的作者，用邮箱联系今天文室工作室，工作室会向您支付相应的稿酬和样书。

同时，也向您表示诚挚的感谢，感谢您的话语在网络传播中，治愈并拯救了一个小群体的“我们”。

邮箱（也可投稿）：shutian@shutianbook.com

希望 每天 都是 好天气。

图书在版编目（CIP）数据

别让任何人消耗你内心的晴朗 / 今天文室编 ; SEEN 绘 . -- 北京 : 北京联合出版公司 , 2025. 1.（2025.3 重印）
ISBN 978-7-5596-8122-5

Ⅰ. B821-49

中国国家版本馆 CIP 数据核字第 2024KF6706 号

别让任何人消耗你内心的晴朗

编　　者：今天文室　　绘　　者：SEEN
出 品 人：赵红仕　　产品经理：王　月
责任编辑：邓　晨

北京联合出版公司出版
（北京市西城区德外大街83号楼9层　100088）
北京联合天畅文化传播公司发行
北京飞达印刷有限责任公司印刷　新华书店经销
字数 80 千字　787 mm × 1092 mm　1/32　印张 7
2025 年 1 月第 1 版　2025 年 3 月第 2 次印刷
ISBN 978-7-5596-8122-5
定价：56.00 元

我的 世界 是 一整个 春天。

记住，我们 不能 自己 把自己 绊倒。